Aberdeenshire
COUNCIL

Oxford
Better
Spanish

OXFORD
UNIVERSITY PRESS

Great Clarendon Street, Oxford, OX2 6DP, United Kingdom

Oxford University Press is a department of the University of Oxford.
It furthers the University's objective of excellence in research, scholarship,
and education by publishing worldwide. Oxford is a registered trade mark of
Oxford University Press in the UK and in certain other countries

Copyright © Oxford University Press 2016

Database right Oxford University Press (maker)

First published 2016

British Library Cataloguing in Publication Data

Data available

ISBN: 978-0-19-274635-1

1 3 5 7 9 10 8 6 4 2

Printed in China

Paper used in the production of this book is a natural,
recyclable product made from wood grown in sustainable forests.
The manufacturing process conforms to the environmental
regulations of the country of origin.

With thanks to Carmen Fernández-Marsden, Anna Stevenson,
and Teresa Alvarez for editorial support

Introduction

How to use this book

Better Spanish has been written for children aged 11–14. It aims to build vocabulary and reinforce language skills that children learn in school.

The book is split into 3 sections:

Vocabulary: has words in themes often discussed in the classroom, progressing from beginner level to more advanced.
Grammar: includes connecting words, question words, adjectives, pronouns, and regular and irregular verbs.
Conversation: gives questions and answers and shows how to say yes or no to questions.

Each section has engaging word activities at the end to consolidate the information:

- **Spelling help**: reinforces common spelling rules.
- **Word fun**: includes anagrams and word play.
- **Now practise**: focuses on regular usage and topics for conversation.

This structured approach gives practical support to build language skills for school, for holidays and travel, and for life.

Contents

Vocabulario Vocabulary

Vocabulario
Vocabulary

Los números
Numbers

1	uno, una	14	catorce	72	setenta y dos
2	dos	15	quince	73	setenta y tres
3	tres	16	dieciséis	80	ochenta
4	cuatro	17	diecisiete	81	ochenta y uno
5	cinco	18	dieciocho	82	ochenta y dos
6	seis	19	diecinueve	83	ochenta y tres
7	siete	20	veinte	90	noventa
8	ocho	30	treinta	91	noventa y uno
9	nueve	40	cuarenta	92	noventa y dos
10	diez	50	cincuenta	93	noventa y tres
11	once	60	sesenta	100	cien
12	doce	70	setenta	1000	mil
13	trece	71	setenta y uno		

primero, primera first	**quinto, quinta** fifth	**noveno, novena** ninth
segundo, segunda second	**sexto, sexta** sixth	**décimo, décima** tenth
tercero, tercera third	**séptimo, séptima** seventh	
cuarto, cuarta fourth	**octavo, octava** eighth	

Los colores
Colours

azul blue	Tengo una vespa **azul**. I have a blue scooter.
blanco, blanca white	Tengo una bufanda **blanca**/unos zapatos **blancos**. I have a white scarf/white shoes.
rojo, roja red	El semáforo estaba **rojo**./Tienes la cara toda **roja**. The traffic lights were red/Your face is all red.
amarillo, amarilla yellow	El autobús es **amarillo**./Las flores son **amarillas**. The bus is yellow./The flowers are yellow.
verde green	Esta es una pared **verde**. This is a green wall.
naranja orange	Idriss lleva puesta una camiseta **naranja**. Idriss is wearing an orange T-shirt.
gris grey	Veo un cuadeno de ejercicios **gris**. I see a grey exercise book.
marrón brown	Mi hermano tiene un cinturón **marrón** de yudo. My brother has a brown belt in judo.
rosa pink	Hay flores **rosas** en el jardín. There are pink flowers in the garden.
morado, morada purple	Lleva pantalones **morados**/gafas **moradas**. She wears purple trousers/purple glasses.
oscuro, oscura dark	Llevo un jersey azul **oscuro**/una chaqueta marrón **oscura**. I'm wearing a dark blue jumper/a dark brown jacket.
claro, clara light	Ana lleva un jersey azul **claro**/una falda verde **clara**. Ana is wearing a light blue jumper/a light green skirt.

Top tip: Some words are different in the masculine and the feminine, e.g. **rojo/roja**, but some remain the same, e.g. **azul**.

Vocabulario

hora hour/time	La película dura dos **horas**./¿Qué **hora** es? The film is two hours long./What time is it?
minuto minute	Volveré en un par de **minutos**. I'll be back in a couple of minutes.
segundo second	¡Espera un **segundo**! Wait a second!
día day	Escucho música todos los **días**. I listen to music every day.
jornada day	No me llames durante la **jornada** laboral. Don't call me during the working day.
semana week	No he visto a Samira esta **semana**. I haven't seen Samira this week.
mes month	Su bebé tiene tres **meses**. Her baby is three months old.
año year	Tiene trece **años**. He's thirteen (years old).
curso year	En España, el **curso** académico es de septiembre a junio. In Spain, the school year runs from September to June.
siglo century	Estamos en el **siglo** veintiuno. We're in the twenty-first century.
fecha date	Tenemos que escribir la **fecha** en la parte superior de la página. We have to write the date at the top of the page.

El tiempo
Time

Vocabulary

momento moment/time	Hay niebla en este **momento**./Este no es el **momento** para decidir. It's foggy at the moment./This isn't the time to decide.
ayer yesterday	**Ayer** llovió. It rained yesterday.
hoy today	**Hoy** es lunes. It's Monday today.
mañana tomorrow	Tengo que decir adiós a mi amigo **mañana**. I have to say goodbye to my friend tomorrow.
pasado/pasada last	Jugamos al fútbol la semana **pasada**. We played football last week.
próximo/próxima next	El **próximo** año iremos de vacaciones a España. Next year we'll go on holiday to Spain.

Las estaciones
Seasons

primavera spring	**otoño** autumn
verano summer	**invierno** winter
Aquí empieza a nevar bastante pronto en **invierno**. It begins to snow here quite early in the winter.	Los árboles florecen en **primavera**. The trees flower in the spring.

Vocabulario

Los meses
Months

enero January	**abril** April	**julio** July	**octubre** October
febrero February	**mayo** May	**agosto** August	**noviembre** November
marzo March	**junio** June	**septiembre** September	**diciembre** December

En **marzo**	In March

Los días de la semana
Days of the week

lunes Monday	**jueves** Thursday	**domingo** Sunday	**esta semana** this week
martes Tuesday	**viernes** Friday	**pasado mañana** the day after tomorrow	**la próxima semana** next week
miércoles Wednesday	**sábado** Saturday	**antes de ayer** the day before yesterday	**la semana pasada** last week

¿Quedamos el **sábado**? Shall we meet up on Saturday?	Tengo clase de piano los **martes**. I have a piano lesson on Tuesdays.
Voy a la piscina todos los **miércoles**. I go to the swimming pool every Wednesday.	Mis padres volvieron a casa **antes de ayer**. My parents came home the day before yesterday.

Las partes del día
Times of day

amanecer dawn	Salieron al **amanecer**. They left at dawn.
mañana morning	¿A qué hora te levantaste esta **mañana**? What time did you get up this morning?
mediodía midday	Te llamaré al **mediodía**. I'll call you at midday.
tarde afternoon/evening	Pasamos toda la **tarde** jugando contando historias graciosas. We spent the whole afternoon/evening telling funny stories.
noche evening/night	¿Salimos esta **noche**?/Estuvo lloviendo toda la **noche**. Shall we go out this evening?/It rained all night.
medianoche midnight	Ya es **medianoche**, tenemos que irnos a casa. It's already midnight – we have to go home.

Top tip: In Spanish, the names of days and months do not start with a capital letter.

13

Los animales salvajes
Wild animals

elefante elephant	El **elefante** es el mayor de los animales terrestres. The elephant is the largest land animal.
cocodrilo crocodile	El **cocodrilo** es un reptil. Crocodiles are reptiles.
león lion	El **león** atacó a una gacela. The lion attacked a gazelle.
tigre tiger	El **tigre** blanco es una especie en peligro de extinción. The white tiger is an endangered species.
jirafa giraffe	El cuello de una **jirafa** mide unos tres metros. The neck of a giraffe is around three metres long.
serpiente snake	Cuidado, hay **serpientes** en la hierba. Be careful, there are snakes in the grass.
mono monkey	Los **monos** del zoo hacen mucho ruido. The monkeys in the zoo are very noisy.
cebra zebra	La **cebra** pertenece a la misma familia que el caballo. The zebra belongs to the same family as the horse.
rinoceronte rhino(ceros)	En África hay **rinocerontes** blancos y rinocerontes negros. In Africa there are white rhinos and black rhinos.
hipopótamo hippo(potamus)	Los **hipopótamos** se revuelcan en el lodo. Hippos have mud baths.
canguro kangaroo	Los **canguros** llevan las crías en una bolsa. Kangaroos carry their babies in a pouch.
pingüino penguin	Vimos **pingüinos** en el zoo. We saw penguins at the zoo.

Los animales domésticos y de granja
Pets and farm animals

perro dog	Mi **perro** es un labrador. My dog is a labrador.
gato cat	Tengo un **gato**, se llama Lucifer. I have a cat – his name is Lucifer.
pez de colores goldfish	En la mesa hay una pecera con **peces de colores**. On the table there's a bowl with goldfish in it.
tortuga tortoise	A mi **tortuga** le gusta comer flores. My tortoise likes to eat flowers.
conejillo de Indias guinea pig	Tenemos un **conejillo de Indias** hembra. We have a female guinea pig.
pájaro bird	El **pájaro** canta todo el día en su jaula. The bird sings all day long in its cage.
conejo rabbit	Tenemos un **conejo** grande de color blanco en el jardín. We have a big white rabbit in the garden.
caballo horse	¿Vas a montar a **caballo**? Do you go horse-riding?
vaca cow	Las **vacas** y sus terneros están en el prado. The cows and their calves are in the field.
oveja sheep	Vimos pasar un rebaño de **ovejas**. We saw a flock of sheep go past.
gallina hen	Nuestras **gallinas** comen sobre todo maíz. Our hens eat mostly maize.
pato duck	Los **patos** están en el estanque. The ducks are in the pond.

Top tip: In Spanish, the generic name for an animal is sometimes masculine and sometimes feminine, e.g. **el elefante**, but **la serpiente**.

Vocabulario

pan bread	Algunos españoles prefieren el **pan** integral. Some Spanish people prefer brown bread.
queso cheese	¿**Queso** o postre? Cheese or pudding?
carne meat	No como **carne**, soy vegetariano. I don't eat meat, I'm vegetarian.
jamón ham	Me gustaría tomar un sándwich de **jamón**, por favor. I would like a ham sandwich, please.
pollo chicken	He pedido **pollo** con patatas fritas. I ordered chicken with chips.
salchicha sausage	El chorizo es un tipo de **salchicha** sazonada con pimentón. Chorizo is a type of sausage seasoned with paprika.
asado roast	Este **asado** de cordero es delicioso. This roast lamb is delicious.
pizza pizza	Un trozo de **pizza** de champiñones, por favor. A slice of mushroom pizza, please.
arroz rice	Me encanta el **arroz** cantonés. I love egg fried rice.
pasta pasta	Esta **pasta** es muy buena. This pasta is very good.
espaguetis spaghetti	Estos **espaguetis** están fríos. This spaghetti is cold.
patatas fritas chips/crisps	Como demasiadas **patatas fritas**. I eat too many chips/crisps.

La comida y la bebida
Food and drink

sopa soup	Hay **sopa** de verduras de primer plato. There's vegetable soup as a starter.
huevo egg	Ayer cenamos **huevos** fritos. We ate fried eggs last night.
tarta, pastel cake	Su **tarta** de cumpleaños es preciosa. Her birthday cake is beautiful.
yogur yogurt	¿Quieres un **yogur** natural o de fresa? Do you want a natural yogurt or a strawberry one?
helado ice cream	Tengo **helado** de vainilla, fresa y chocolate. I have vanilla, strawberry, and chocolate ice cream.
crepe pancake	Compramos **crepes** en el mercado. We bought pancakes at the market.
galleta biscuit	Nick se comió dos paquetes de **galletas**. Nick ate two packets of biscuits.
chocolate chocolate	El **chocolate** con leche es más dulce que el chocolate negro. Milk chocolate is sweeter than dark chocolate.
caramelos sweets	Mis padres no me dejan comer muchos caramelos. My parents don't let me eat too many sweets.
sal salt	Demasiada **sal** es perjudicial para la salud. Too much salt is bad for you.
pimienta pepper	Hay demasiada **pimienta** en este filete. There's too much pepper on this steak.

Top tip: In Spanish, **patatas fritas** can be both *chips* and *crisps*.

Vocabulario

azúcar sugar	Nunca toma **azúcar** con el café. She never has sugar in her coffee.
mantequilla butter	No hay suficiente **mantequilla** en este sándwich. There isn't enough butter in this sandwich.
mermelada jam	Tostadas con **mermelada** de fresa. Toast with strawberry jam.
cereales cereal	Hay **cereales** para desayunar. There is cereal for breakfast.
leche milk	Bebo un vaso de **leche** caliente antes de acostarme. I drink a glass of warm milk before going to bed.
chocolate (caliente) hot chocolate	Nos ofreció una taza de **chocolate (caliente)**. He offered us a hot chocolate.
zumo de frutas fruit juice	¿Qué **zumos de frutas** tienen? What kinds of fruit juice do you have?
té tea	Los ingleses beben más **té** que los españoles. The English drink more tea than the Spanish.
café coffee	¿**Café** solo o con leche? A black coffee or one with milk?
agua water	Siempre bebemos **agua** con las comidas. We always drink water at mealtimes.
Coca-Cola® Coke®	Una **Coca-Cola®**, por favor. A Coke®, please.
gaseosa lemonade	Dos **gaseosas** y un zumo de naranja, por favor. Two lemonades and one orange juice, please.

Las frutas y las verduras
Fruit and vegetables

manzana apple	La **manzana** es mi fruta favorita. Apples are my favourite fruit.
naranja orange	Me gustan las **naranjas** cuando son jugosas. I like oranges when they're juicy.
plátano banana	Pone **plátanos** en la macedonia. She puts bananas in fruit salads.
pera pear	Un kilo de **peras**, por favor. A kilo of pears, please.
melocotón peach	Voy a hacer una tarta de **melocotón** para postre. I'm going to make a peach tart for dessert.
fresa strawberry	Estas **fresas** no están maduras. These strawberries are not ripe.
patatas potato	Tienes que cortar las **patatas** en rodajas finas. You have to cut the potatoes into thin slices.
zanahoria carrot	A menudo hay **zanahorias** ralladas en la comida del colegio. We often have grated carrots in our school dinners.
cebolla onion	Odio la **cebolla** cruda. I hate raw onion.
tomate tomato	Tomaré la ensalada de **tomate**. I'll have the tomato salad.
lechuga lettuce	Mi padre tiene **lechugas** en la huerta. My father grows lettuces in his garden.
judías verdes green beans	Las **judías verdes** van bien con la carne asada. Green beans go well with a roast.

Top tip: In Spain, **la cena** is usually a lighter meal than **la comida** (or **el almuerzo**).

Las comidas
Meals

desayuno breakfast	Sirven el **desayuno** de 7 a 9 de la mañana. They serve breakfast between 7 and 9.
almuerzo, comida lunch	¿Has traído el **almuerzo**? Did you bring any lunch with you?
merienda afternoon snack	Jorge hizo una tarta para la **merienda**. Jorge baked a cake to have as an afternoon snack.
cena dinner	La **cena** fue excelente. Dinner was excellent.
plato dish	Es un **plato** muy fácil de hacer. It's a very easy dish to make.
primer plato first course, starter	¿Que vas a tomar de **primer plato**? What will you have as a starter?
segundo plato main course	De **segundo plato**, hay pescado o carne asada. For the main course, there's fish or a roast.
postre dessert	No tomaré **postre**. I won't have a dessert.
plato plate	Me olvidé de los **platos** soperos. I forgot the soup plates.
cuchillo knife	El **cuchillo** se coloca a la derecha del plato. The knife goes to the right of the plate.
tenedor fork	¿Prefiere un **tenedor** o palillos? Would you prefer a fork or chopsticks?
cuchara spoon	Estas **cucharas** soperas son de plata. These soup spoons are made of silver.

Mi rutina diaria
My daily routine

despertarse to wake up	**Me despierto.** I wake up.
levantarse to get up	**Me levanto.** I get up.
vestirse to get dressed	**Me visto.** I get dressed.
desayunar to have breakfast	**Desayuno.** I have breakfast.
cepillarse los dientes to brush one's teeth	**Me cepillo los dientes.** I brush my teeth.
peinarse to brush one's hair	**Me peino.** I brush my hair.
ir andando al colegio to walk to school	**Voy andando al colegio.** I walk to school.
hacer los deberes to do one's homework	**Hago los deberes.** I do my homework.
lavarse to wash oneself	**Me lavo.** I wash myself.
ducharse to have a shower	**Me ducho.** I have a shower.
acostarse to go to bed	**Me acuesto.** I go to bed.
dormirse to go to sleep	**Me duermo.** I go to sleep.

Vocabulario

pantalones trousers	Esos **pantalones** son demasiado ajustados. Those trousers are too tight.
vaqueros jeans	Mis **vaqueros** tienen un agujero. My jeans have got a hole in them.
pantalones cortos shorts	Hace calor, me voy a poner **pantalones cortos**. It's hot – I'm putting shorts on.
falda skirt	La **falda** del uniforme es gris. Our uniform skirt is grey.
vestido dress	Ese **vestido** te queda muy bien. That dress really suits you.
jersey jumper, sweater	Ponte un **jersey**, hace frío fuera. Put a jumper on – it's cold outside.
sudadera sweatshirt	¿Te gusta mi **sudadera** nueva? Do you like my new sweatshirt?
camiseta T-shirt	Malik se compró una **camiseta** negra. Malik bought himself a black T-shirt.
camisa shirt	Mi padre se pone **camisa** para ir a trabajar. My father wears a shirt for work.
cazadora jacket	Me gustaría tener una **cazadora** de cuero. I would like a leather jacket.
chaqueta jacket	Las **chaquetas** de piel sintética están de moda. Faux fur jackets are fashionable.
chaqueta (de punto) cardigan	Te puedo prestar una **chaqueta (de punto)** si tienes frío. I can lend you a cardigan if you're cold.

La ropa y los accesorios
Clothes and accessories

pijama pyjamas	Poneos el **pijama**, niños. Put your pyjamas on, children.
corbata tie	Tenemos que llevar **corbata** en el colegio. We have to wear a tie at school.
bufanda scarf	Dejé mi **bufanda** en el autobús. I left my scarf on the bus.
gorro (woolly) hat	Está nevando, no te olvides del gorro. It's snowing – don't forget your hat.
guantes gloves	Estos guantes de lana son muy calientes. These woollen gloves are very warm.
gorra (de béisbol) (baseball) cap	Está gracioso con su **gorra (de béisbol)** fluorescente. He looks funny with his fluorescent baseball cap.
cinturón, cinto belt	Mis vaqueros son demasiado grandes, necesito un **cinturón**. My jeans are too big – I need a belt.
gafas de sol sunglasses	¿De quién son estas **gafas de sol**? Whose sunglasses are these?
calcetines socks	Alice ni siquiera en el invierno se pone **calcetines**. Alice doesn't even wear socks in winter.
zapatos shoes	Ponte los **zapatos**. Put your shoes on.
zapatillas de deporte trainers	Quentin tiene **zapatillas de deporte** muy caras. Quentin has really expensive trainers.
botas boots	¿Tienen estas botas en el número 38? Do you have these boots in a size 5?

Vocabulario

cabeza head	Me duele la **cabeza**. I have a headache.
cuello neck	Tiene un **cuello** muy largo. She has a very long neck.
hombro shoulder	Hicimos ejercicios para relajar los **hombros**. We did some exercises to relax our shoulders.
espalda back	Recuéstate sobre la **espalda**. Lie down on your back.
pecho chest	Tiene el **pecho** bastante ancho. He has quite a broad chest.
estómago stomach	Deja de comer si te duele el **estómago**. Stop eating if you have stomach ache.
brazo arm	Clara me agarró del **brazo**. Clara grabbed me by the arm.
pierna leg	Se hizo daño en la **pierna** izquierda. He hurt his left leg.
pie foot	Carlos tiene los **pies** grandes, gasta el número 46. Carlos has big feet, he takes a size 11.
mano hand	Me dieron la **mano** cuando llegué. They shook my hand when I arrived.
dedo finger	Este anillo es demasiado grande para mi **dedo**. This ring is too big for my finger.
dedo (del pie) toe	¡Ay, me di con el **dedo**! Ouch, I stubbed my toe!

Las partes del cuerpo
Parts of the body

rodilla knee	Me hice daño en la **rodilla** cuando me caí. I hurt my knee when I fell.
trasero bottom	¡Me dio una patada en el **trasero**! He kicked me on the bottom!
codo elbow	No pongas los **codos** en la mesa cuando estás comiendo. Don't put your elbows on the table when you eat.
ojo eye	Mia tiene unos **ojos** grises preciosos. Mia has beautiful grey eyes.
nariz nose	Tengo la **nariz** taponada. My nose is blocked.
boca mouth	¡No hables con la **boca** llena! Don't speak with your mouth full!
oreja ear	Este gorro no me tapa las **orejas**. This hat doesn't cover my ears.
pelo hair	Me lavo el **pelo** dos veces a la semana. I wash my hair twice a week.
barbilla chin	Se frota la **barbilla** cuando está pensando. He rubs his chin when he's thinking.
diente tooth	Se tiene que sacar un **diente**. She has to have a tooth out.
lengua tongue	Me quemé la **lengua** tomando la sopa. I burnt my tongue eating soup.
cara face	Esta **cara** me resulta familiar. This face looks familiar.

Top tip: In Spanish there is one word for *finger* and *toe*: **dedo**, but two words for *ear*: **oreja/oído** (the organ and the sense) and for *tooth*: **diente/muela** (*tooth/back tooth*).

La familia y los amigos
Family and friends

padre father, dad	Mi **padre** tiene cuarenta y tres años. My father is forty-three.
madre mother, mum	Mi **madre** trabaja en una oficina. My mother works in an office.
padres parents	Me entiendo bastante bien con mis **padres**. I get on quite well with my parents.
hermano brother	Mi **hermano** tiene dos años más que yo. My brother is two years older than me.
hermana sister	Tengo una **hermana** mayor y otra más pequeña. I have an older sister and a younger sister.
medio hermano half-brother	Tengo un **medio hermano** que vive con nosotros. I have a half-brother who lives with us.
media hermana half-sister	Mi **media hermana** se llama Talia. My half-sister's name is Talia.
abuelo grandfather	Mi **abuelo** era arquitecto. My grandfather was an architect.
abuela grandmother	Mi **abuela** tiene sesenta y cinco años. My grandmother is sixty-five.
abuelos grandparents	Fui a la playa con mis **abuelos**. I went to the beach with my grandparents.
hijo son	Juego al fútbol con el **hijo** de los vecinos. I play football with the neighbours' son.
hija daughter	Es la **hija** de mi profesor de matemáticas. She's my maths teacher's daughter.

La familia y los amigos
Family and friends

hijo único, hija única only child	Soy **hijo único/hija única**. I'm an only child.
primo, prima cousin	Tengo doce **primos**. I have twelve cousins.
tío uncle	Vamos a ir a casa de mi **tío** este fin de semana. We're going to my uncle's this weekend.
tía aunt	Mi **tía** solo tiene cinco años más que yo. My aunt is only five years older than me.
padrastro stepfather, stepdad	Me llevo bien con mi **padrastro**. I get on well with my stepfather.
madrastra stepmother, stepmum	Mi **madrastra** tiene dos hijos. My stepmother has two children.
amigo, amiga friend	Hice **amigos** españoles durante las vacaciones. I made some Spanish friends during the holidays.
amigo/amiga por correspondencia pen friend	Tengo un **amigo por correspondencia** en Chile. I have a pen friend in Chile.
pandilla group	Tengo una **pandilla** de amigos genial. I have a great group of friends.
íntimo, íntima close	Tengo dos amigos **íntimos**. I have two close friends.
novio boyfriend	Laura tiene un novio irlandés. Laura has an Irish boyfriend.
novia girlfriend	¿Tienes **novia**? Do you have a girlfriend?

Describir objetos
Describing things

grande big, large	Barcelona es una ciudad **grande**. Barcelona is a big city.
pequeño, pequeña small, little	Su casa es bastante **pequeña**. Their house is quite small.
largo, larga long	¿No te pareció la película un poco **larga**? Did you not think the film was a bit long?
corto, corta short	Esta falda es demasiado **corta**. This skirt is too short.
ancho, ancha wide	El jardín es muy **ancho**. The garden is very wide.
estrecho, estrecha narrow	Las calles del casco antiguo son **estrechas**. The streets in the old town are narrow.
viejo, vieja old	Es el puente más **viejo** del país. It's the oldest bridge in the country.
nuevo, nueva new	Daniel tiene una bicicleta **nueva**. Daniel has a new bicycle.
antiguo, antigua old	Tienen muebles **antiguos** en el salón. They have old furniture in their living room.
moderno, moderna modern	Me gustan los edificios **modernos**. I like modern buildings.
precioso beautiful	¡Es **precioso** esto! It's beautiful here!
bonito, bonita pretty	Visitamos un pueblecito muy **bonito**. We visited a pretty little village.

Describir objetos
Describing things

feo, fea ugly	Este cuadro es realmente **feo**. This painting is really ugly.
bueno, buena good	Pensé que la comida estaba muy **buena**. I thought the meal was very good.
malo, mala bad	Su última película no es **mala**. Her latest film isn't bad.
bien good	La sopa huele **bien**. The soup smells good.
fenomenal great	¿Viste nuestro espectáculo? Fue **fenomenal**, ¿no? Did you see our show? It was great, wasn't it?
pésimo, pésima rubbish	Este tebeo es **pésimo**. This comic is rubbish.
delicioso, deliciosa delicious	Gracias por esta comida tan **deliciosa**. Thank you for this delicious meal.
cómodo, cómoda comfortable	Las camas del hotel no son muy **cómodas**. The hotel beds are not very comfortable.
cansado, cansada tiring	Espero que el viaje no fue demasiado **cansado**. I hope the journey wasn't too tiring.
fácil easy	La prueba de matemáticas fue muy **fácil**. The maths test was really easy.
difícil difficult	¿Te parece un idioma **difícil** el español? Do you think Spanish is a difficult language?
interesante interesting	Es un cuento muy **interesante**. It's a really interesting story.

Top tip: Bien can also mean *well*, as in **Lo hiciste muy bien**
You did it very well.

Describir a la gente
Describing people

alto, alta tall	Alba es **alta** para su edad. Alba is tall for her age.
bajo, baja small, short	Es el más **bajo** de la clase. He's the shortest in the class.
gordo, gorda fat	Mi vecino es **gordo** y calvo. My neighbour is fat and bald.
delgado, delgada slim	Para estar **delgado**, tienes que tener una dieta equilibrada. To be slim, you have to eat a balanced diet.
flaco, flaca skinny	Es un poco **flaca**. She's a bit skinny.
castaño dark-haired	Es un chico de pelo **castaño** y ojos azules. He's a dark-haired boy with blue eyes.
rubio, rubia fair	Camila tiene el pelo **rubio**. Camila has fair hair.
pelirrojo, pelirroja with red hair	Ron Weasley es **pelirrojo**. Ron Weasley has red hair.
amable kind	Trato de ser **amable** con todos. I try to be kind to everyone.
cruel mean, nasty	¡No seas tan **cruel** con ella! Don't be so mean to her!
desagradable unpleasant	Puede ser **desagradable** cuando está enfadado. He can be unpleasant when he's cross.
simpático, simpática nice, friendly	Tu amigo es **simpático**. Your friend's nice.

Describir a la gente
Describing people

tímido, tímida shy	¡Venga! No seas **tímido**. Go on, don't be shy.
divertido, divertida funny	¡Es tan **divertido** este! He's so funny, that one!
generoso, generosa generous	Es **generosa**, presta sus cosas fácilmente. She's generous – she's happy to lend her things.
egoísta selfish	Es muy **egoísta**. He's really selfish.
inteligente clever	Es una chica muy **inteligente**. She's a very intelligent girl.
deportista sporty	Muchos estudiantes de mi clase son muy **deportistas**. Many students in my class are very sporty.
trabajador, trabajadora hard-working	Saca buenas notas porque es **trabajadora**. She gets good marks because she's hard-working.
perezoso, perezosa lazy	La profesora me dijo que era **perezoso**. The teacher told me I was lazy.
terco, terca stubborn	¡A veces eres tan **terco**! You can be so stubborn!
curioso, curiosa curious	Basile es muy **curioso**, quiere saber mi secreto. Basile is very curious – he wants to know my secret.
hablador, habladora talkative	Son muy **habladores** en clase. They're very talkative in class.

Vocabulario

cualidad quality	Mi profesor dice que tengo muchas **cualidades**. My teacher says I have many good qualities.
defecto fault	Tengo un **defecto**, soy muy hablador. I have one fault – I'm very talkative.
gustos tastes	Luís no tiene los mismos **gustos** musicales que yo. Luís doesn't have the same musical tastes as me.
carácter character	¿Crees que tengo un **carácter** fuerte? Do you think I have a strong character?
tener mal humor to be bad-tempered	Reconozco que **tengo mal humor**. I admit that I'm bad-tempered.
tener buen carácter to be good-natured	Mis amigos dicen que **tengo** bastante **buen carácter**. My friends say that I'm rather good-natured.
tranquilo, tranquila calm	Soy una persona **tranquila**, rara vez me enfado. I'm a calm person – I rarely get angry.
paciente patient	Me gustaría ser más **paciente**, pero es difícil. I'd like to be more patient, but it's difficult.
impaciente impatient	Soy muy **impaciente**, odio esperar. I'm very impatient – I hate waiting.
nervioso, nerviosa nervous	Soy muy **nervisoso**, me cuesta tranquilizarme. I'm too nervous – I find it hard to calm down.
positivo, positiva positive	Siempre trato de ser **positivo**. I always try to be positive.
activo, activa active	Soy muy **activo**, hago muchas cosas durante el fin de semana. I'm very active – I do a lot of things at the weekend.

Describir mi personalidad
Describing my personality

tolerante tolerant	Intento ser **tolerante** y aceptar las diferencias. I try to be tolerant and to accept differences.
sin prejuicios open-minded	Soy una persona **sin prejuicios**. I'm an open-minded person.
valiente brave	Soy más **valiente** ahora que cuando era pequeño. I'm braver now than when I was little.
serio, seria serious	Mi hermano dice que soy demasiado **serio**. My brother says I'm too serious.
tener sentido del humor to have a sense of humour	Es importante **tener sentido del humor**. It's important to have a sense of humour.
extrovertido, extrovertida outgoing	Soy **extrovertido**, hago amigos fácilmente. I'm outgoing – I make friends easily.
franco, franca frank	Algunos piensan que soy demasiado **franco**. Some people think I'm too frank.
sensible sensitive	Las películas tristes me hacen llorar, soy muy **sensible**. Sad films make me cry – I'm very sensitive.
asustadizo, asustadiza easily scared	Mi hermana dice que soy muy **asustadiza**. My sister says I'm easily scared.
gruñón, gruñona who moans a lot	Sí, lo sé, soy muy **gruñón**. Yes I know, I moan a lot.
imaginación imagination	Mi profesor dice que tengo mucha **imaginación**. My teacher says I have a lot of imagination.
creativo, creativa creative	Soy más **creativo** que deportista. I'm more creative than sporty.

Top tip: While the Spanish word **sensible** looks like the English word *sensible*, it doesn't have the same meaning!

planta floor	Mi casa tiene dos **plantas**. My house has two floors.
planta baja ground floor	Mi dormitorio está en la **planta baja**. My bedroom is on the ground floor.
sótano cellar	Pusieron una sala de juegos en el **sótano**. They put a games room in the cellar.
habitación room	Es un piso con cinco **habitaciones**. It's a flat with five rooms.
dormitorio bedroom	Hay tres **dormitorios** en la primera planta. There are three bedrooms on the first floor.
cocina kitchen	La **cocina** es muy pequeña. The kitchen is very small.
salón living room	Nos juntamos en el **salón** para ver la televisión. We get together in the living room to watch TV.
comedor dining room	No hay **comedor**, comemos en la cocina. There is no dining room – we eat in the kitchen.
cuarto de baño bathroom	¿Cuántos **cuartos de baño** hay en tu casa? How many bathrooms are there in your house?
jardín garden	En Inglaterra, la mayoría de las casas tienen **jardín**. In England, most houses have a garden.
garaje garage	Aparcamos el coche en el **garaje**. We park our car in the garage.
escalera stairs	La **escalera** es estrecha. The stairs are narrow.

Mi casa
My house

puerta door	Siempre cierro la **puerta** con llave. I always lock my door.
ventana window	Hay una **ventana** grande en mi dormitorio. There's a big window in my bedroom.
balcón balcony	Es un piso con un **balcón** largo. It's a flat with a long balcony.
mesa table	En mi casa siempre comemos en la **mesa**. At my house we always eat at the table.
silla chair	La **silla** está contra la ventana. The chair is against the wall.
sillón (arm)chair	Tengo un **sillón** muy cómodo en mi dormitorio. I have a really comfortable armchair in my bedroom.
sofá sofa	Es un **sofá** de cuatro plazas. It's a four-seater sofa.
lámpara lamp	¿Tienes una **lámpara** en tu habitación? Do you have a lamp in your bedroom?
cama bed	Mi hermana y yo dormimos en **camas** gemelas. My sister and I sleep in twin beds.
piso flat	¿Vives en una casa o en un **piso**? Do you live in a house or a flat?
edificio building	Es un **edificio** de veinte plantas. It's a twenty-storey building.
urbanización (housing) estate	Mi casa está en una **urbanización** cerca de Liverpool. My house is on an estate near Liverpool.

escritorio desk	La profesora está sentada en su **escritorio**. The teacher is sitting at her desk.
pizarra whiteboard	No veo bien la **pizarra**. I can't see the whiteboard very well.
póster poster	Las paredes están cubiertas de **pósters**. There are posters all over the walls.
ordenador computer	Usamos a menudo los **ordenadores** en clase. We often use computers in class.
ratón mouse	El **ratón** no funciona. The mouse isn't working.
teclado keyboard	El **teclado** inglés es distinto al **teclado** español. The English keyboard is different from the Spanish keyboard.
pantalla screen	La **pantalla** del ordenador está sucia. The computer screen is dirty.
proyector projector	El **proyector** está roto. The projector is broken.
impresora printer	¿Profesor, puedo usar la **impresora**? Sir, can I use the printer?
armario locker	He perdido la llave de mi **armario**. I've lost the key to my locker.
mochila backpack	Mi **mochila** pesa mucho hoy. My backpack is really heavy today.
libro (de texto) textbook	¿Puedes prestarme tu **libro** de biología? Can you lend me your biology textbook?

En la clase
In the classroom

cuaderno (exercise) book	¿Dónde está mi **cuaderno** de matemáticas? Where's my maths (exercise) book?
bloc notepad	Voy a escribirlo en mi **bloc**. I'm going to write it in my notepad.
libreta notebook	Tenemos una **libreta** para el vocabulario. We have a notebook for vocabulary.
papel paper	No queda **papel** en la impresora. There isn't any paper left in the printer.
agenda diary	Tienes que apuntar los deberes en tu **agenda**. You have to write your homework in your diary.
estuche pencil case	Tu **estuche** es bonito. ¿Dónde lo compraste? Your pencil case is nice – where did you buy it?
lápiz pencil	Siempro dibujo con **lápiz**. I always draw in pencil.
bolígrafo, boli pen	¿Tiene alguien un **bolígrafo** rojo? Does anybody have a red pen?
goma rubber, eraser	Pásame tu **goma**, por favor. Pass me your rubber, please.
regla ruler	Necesitas una **regla** para subrayar la fecha. You need a ruler to underline the date.
tijera, tijeras scissors	Michael me prestó su **tijera**/sus **tijeras** Michael lent me his scissors.
calculadora calculator	No se permite usar las **calculadoras** durante la prueba. Calculators are not allowed during the test.

español Spanish	Estudio **español** en el colegio. I study Spanish at school.
inglés English	Mi profesor de **inglés** es simpático. My English teacher is nice.
matemáticas maths	¿Te gustan las **matemáticas**? Do you like maths?
biología biology	La **biología** es mi asignatura favorita. Biology is my favourite subject.
física physics	Pienso que las clases de **física** son aburridas. I think physics lessons are boring.
química chemistry	Me fue muy bien en la prueba de **química**. I did well in my chemistry test.
ciencias science	¿Cómo se llama tu profesor de **ciencias**? What's your science teacher's name?
historia history	La **historia** es una asignatura fascinante. History is a fascinating subject.
geografía geography	Hablamos sobre el medio ambiente en **geografía**. We talk about the environment in geography.
educación física PE (physical education)	Tenemos tres horas de **educación física** a la semana. We have three hours of PE a week.
música music	Me encantan las clases de **música**. I love music classes.
dibujo art	¿Qué estáis haciendo en **dibujo**? What are you doing in art?

Las asignaturas
School subjects

Vocabulary

arte dramático drama	Nos divertimos en las clases de **arte dramático**. We have fun in our drama classes.
tecnología DT (design and technology)	Tenemos **tecnología** en el aula SL2. We have DT in room SL2.
informática IT (information technology)	¿Hacéis programación en **informática**? Do you do programming in IT?
educación cívica citizenship	Las clases de **educación cívica** son interesantes. Citizenship classes are interesting.
plan de estudios curriculum	Este libro no forma parte del **plan de estudios**. This book isn't part of the curriculum.
ejercicio exercise	Tenemos que hacer el primer **ejercicio** y el segundo. We have to do the first and second exercises.
prueba test	Tengo una **prueba** de inglés el martes próximo. I have an English test next Tuesday.
examen exam	Los **exámenes** de GCSE se hacen cuando tienes 15 años. You take GCSE exams when you're 15.
presentación presentation	Tengo que preparar una **presentación** de historia. I have to prepare a history presentation.
trabajo project	Estamos haciendo un **trabajo** de ciencias esta semana. We are doing a science project this week.
deberes homework	¡Qué bien, no tengo **deberes**! Great, I don't have any homework to do!
nota mark	¿Tuviste buena **nota** en matemáticas? Did you get a good mark in maths?

Top tip: The Spanish word **matemáticas** is plural, so you would write **las matemáticas son . . .** in Spanish, but *maths is . . .* in English.

Los deportes
Sport

fútbol football	El equipo de **fútbol** de la escuela no es malo. The school football team isn't bad.
rugby rugby	¿Te gustaría jugar al **rugby**? Would you like to play rugby?
balonmano handball	Los españoles juegan mucho al **balonmano**. The Spanish play handball a lot.
voleibol volleyball	Estamos practicando **voleibol** en educación física. We're doing volleyball in PE.
baloncesto basketball	Mohamed es muy alto y juega al **baloncesto**. Mohamed is very tall and he plays basketball.
tenis tennis	Vemos los campeonatos de **tenis** en la televisión. We're watching the tennis championships on TV.
gimnasia gymnastics	Lisa es muy buena haciendo **gimnasia**. Lisa is good at gymnastics.
ballet ballet	Llevo bailando **ballet** cinco años. I've been doing ballet for five years.
danza dance	La **danza** contemporánea no me atrae. Modern dance doesn't appeal to me.
yudo judo	El **yudo** es un deporte de mucho éxito. Judo is a very popular sport.
natación swimming	Hice cursos de **natación** durante muchos años. I took swimming classes for years.
equitación horse-riding	Hay una escuela de **equitación** cerca de mi casa. There's a horse-riding club near my house.

Los deportes
Sport

ciclismo cycling	El **ciclismo** tiene cada día más éxito aquí. Cycling is becoming more and more popular here.
caminar walking	**Caminar** es un buen ejercicio. Walking is good exercise.
correr running	Voy a **correr** tres veces a la semana I go running three times a week.
esquiar to ski	**Esquiamos** en los Alpes todos los inviernos. We ski in the Alps every winter.
hacer surfing to surf	Aprendí a **hacer surfing** el verano pasado. I learned to surf last summer.
patinaje skating	Me encanta ver el **patinaje** artístico en la televisión. I love watching figure skating on TV.
partido match	Es el último **partido** de la temporada. It's the last match in the season.
torneo tournament	Nuestro equipo no tomará parte en el **torneo**. Our team won't take part in the tournament.
campeonato championship	El **campeonato** mundial de atletísmo empieza mañana. The athletics world championships begin tomorrow.
jugador, jugadora player	Hay dos **jugadores** lesionados. There are two injured players.
entrenamiento training	Tengo **entrenamiento** de fútbol esta tarde. I have football training this evening.
calentamiento warm-up	Empezamos haciendo ejercicios de **calentamiento**. We start with a warm-up.

Vocabulary

pasatiempo hobby, pastime	El dibujo es mi **pasatiempo** favorito. Drawing is my favourite pastime.
ocio leisure	El club ofrece varias actividades de **ocio**. The club offers several leisure activities.
música music	Escucho **música** todo el tiempo. I listen to music all the time.
cine cinema	¿Vamos al **cine** mañana por la noche? Shall we go to the cinema tomorrow night?
lectura reading	La **lectura** es un pasatiempo muy relajante. Reading is a relaxing pastime.
videojuego video game	Juego con los **videojuegos** en línea. I play video games online.
videoconsola games console	¿Qué tipo de **videoconsola** tienes? What kind of games console do you have?
televisión television, TV	Vemos mucha **televisión** en casa. We watch a lot of TV at home.
Internet internet	**Internet** es una herramienta estupenda. The internet is a great tool.
dibujos animados cartoons	Veo sobre todo **dibujos animados** en la televisión. I watch mostly cartoons on TV.
película de animación animation film	Los japoneses hacen buenas **películas de animación**. The Japanese make good animation films.
película de terror horror film	Me gusta ver **películas de terror**. I like watching horror films.

El tiempo libre
Free time

documental documentary	Hay **documentales** interesantes en este canal. There are interesting documentaries on this channel.
programa programme	Es un **programa** sobre Australia. It's a programme about Australia.
programa concurso game show	Me gustaría participar en un **programa concurso**. I would like to take part in a game show.
telerrealidad reality TV	Hay un programa de **telerrealidad** esta noche. There is a reality TV programme on tonight.
revista magazine	He pasado toda la tarde leyendo **revistas**. I spent all afternoon reading magazines.
novela novel	Estoy leyendo una **novela** histórica. I'm reading a historical novel.
juego de mesa board game	¿Queréis que juguemos un **juego de mesa**? Do you want to play a board game?
rompecabezas jigsaw	Tardamos una semana en hacer este **rompecabezas**. It took us a week to finish this jigsaw.
(teléfono) móvil mobile (phone)	Todos mis amigos tienen un **(teléfono) móvil**. All my friends have a mobile (phone).
SMS/mensaje (de texto) text (message)	Mándame un **SMS/mensaje (de texto)** cuando estés lista. Send me a text (message) when you're ready.
vídeo video	¿Has visto este **vídeo** en YouTube? Have you seen this video on YouTube?
fotografía photography	David hace **fotografía**, es buenísimo. David does photography, he's really good at it.

Top tip: The Spanish word **rompecabezas** literally means *headbreaker*.

Los empleos
Jobs

trabajo work	Mi padre tiene el **trabajo** en Madrid. My father's work is in Madrid.
ocupación occupation	¿Cuál es su **ocupación**? What is your occupation?
oficina office	Trabajo en una **oficina**. I work in an office.
actor, actriz actor, actress	Carla sueña con hacerse **actriz**. Carla dreams of becoming an actress.
futbolista footballer	Mi hermano es **futbolista** profesional. My brother is a professional footballer.
cantante singer	Las giras son muy cansadas para los **cantantes**. Tours are tiring for singers.
músico, música musician	Mi hermano mayor siempre ha querido ser **músico**. My big brother has always wanted to be a musician.
desarrollador, desarrolladora de software (software) developer	Jack está estudiando para hacerse **desarrollador de software**. Jack is studying to become a software developer.
diseñador gráfico, diseñadora gráfica graphic designer	Es una **diseñadora gráfica** de publicidad. She's a graphic designer in advertising.
enfermero, enfermera nurse	Las **enfermeras** a veces trabajan por la noche. Nurses sometimes work nights.
médico, médica doctor	Ser **médico** es una profesión útil. Being a doctor is a useful job.

Los empleos
Jobs

veterinario, veterinaria vet	Quiero ser **veterinario** como mi madre. I want to be a vet like my mum.
abogado, abogada lawyer	Quiero hacerme **abogado**. I want to become a lawyer.
profesor, profesora teacher	Mi primo es **profesor** de física. My cousin is a physics teacher.
diseñador, diseñadora designer	Ya que te gusta la moda, podrías hacerte **diseñador**. Since you like fashion, you could become a designer.
modelo model	Cuando se es **modelo** se viaja mucho. When you're a model you travel a lot.
periodista journalist	Nicolas es **periodista** de televisión. Nicolas is a journalist on TV.
arquitecto, arquitecta architect	Karim está haciendo unas prácticas con un **arquitecto**. Karim is doing a work placement with an architect.
ingeniero, ingeniera engineer	Hay pocas chicas en las escuelas de **ingeniería**. There are few girls in engineering schools.
chef chef	Los **chefs** a menudo trabajan jornadas muy largas. Chefs often work very long days.
piloto pilot	El padre de Alice es **piloto**. Alice's dad is a pilot.
agente de policía police officer	No me gustaría ser un **agente de policía**. I wouldn't like to be a police officer.
bombero, bombera firefighter	Hay **bomberos** profesionales y voluntarios. There are professional firefighters and volunteers.

Top tip: In Spanish, when you say what your job is, you don't use the word for a, e.g. **Quiero ser veterinario** I want to be a vet.

Vocabulario

playa beach	Caminamos por la **playa**. We walk on the beach.
mar sea	Nadar en el **mar** puede ser peligroso. Swimming in the sea can be dangerous.
ola wave	Me gusta saltar las **olas**. I like jumping in the waves.
arena sand	Me encanta la **arena** caliente bajo mis pies. I love the hot sand beneath my feet.
toalla towel	La **toalla** está en mi bolsa de playa. The towel is in my beach bag.
traje de baño swimming costume/ trunks	Llevo puesto un **traje de baño** debajo. I am wearing a swimming costume underneath.
protector solar sun cream	Debe ponerse **protector solar**. You must put sun cream on.
gafas de sol sunglasses	Siempre me pongo mis **gafas de sol**. I always put my sunglasses on.
sombrilla sun umbrella	Mamá duerme bajo una **sombrilla**. Mum sleeps under a sun umbrella.
tumbona sunlounger	Me relajo en una **tumbona**. I relax on a sunlounger.
castillo de arena sandcastle	Los niños están construyendo **castillos de arena**. The children are building sandcastles.
cubo bucket	Un hombre está recogiendo algas en un **cubo**. A man is collecting seaweed in a bucket.

En la costa
At the seaside

pala spade	Me gusta cavar hoyos con mi **pala**. I like to dig holes with my spade.
picnic picnic	Hacemos un **picnic** en la playa. We are having a picnic on the beach.
deportes acuáticos water sports	Probamos varios **deportes acuáticos** durante las **vacaciones**. We tried several water sports during the holidays.
barco boat	Veo un **barco** pequeño en el horizonte. I see a little boat on the horizon.
faro lighthouse	Hay un **faro** en el acantilado. There is a lighthouse on the cliff.
acantilado cliff	La playa está al pie de un gran **acantilado** blanco. The beach is at the foot of a big white cliff.
cangrejo crab	Un **cangrejo** está escondido detrás de una roca. A crab is hiding behind a rock.
algas seaweed	La playa está cubierta de **algas**. The beach is covered in seaweed.
concha shell	Mi hermano busca **conchas**. My brother is looking for shells.
gaviota seagull	Hay muchas **gaviotas** en la costa. There are lots of seagulls at the seaside.
medusa jellyfish	Papá tiene miedo a las **medusas**. Dad is frightened of jellyfish.
ballena whale	Mi hermano dijo que vio una **ballena**. My brother said he saw a whale.

Las vacaciones y los viajes
Holidays and travel

playa seaside	Este verano iremos de vacaciones a la **playa**. We're going on holiday to the seaside this summer.
montaña mountain	He pasado una semana en la **montaña**. I spent a week in the mountains.
ciudad city	Me gusta visitar **ciudades** grandes. I like to visit big cities.
campo countryside	Las vacaciones en el **campo** son muy relajantes. Holidays in the countryside are very relaxing.
turista tourist	El pueblo está lleno de **turistas**. The village is full of tourists.
monumento monument	El Coliseo es un **monumento** muy imponente. The Colosseum is a very impressive monument.
museo museum/gallery	Visitamos el **museo** de ciencias naturales/el **museo** de arte. We visited the science museum/the art gallery.
exposición exhibition	¿Te gustó la **exposición** sobre los impresionistas? Did you like the exhibition on the Impressionists?
castillo castle	Hay un **castillo** en ruinas en la montaña. There's a ruined castle on the hill.
parque temático theme park	Es el **parque temático** más grande del país. It's the biggest theme park in the country.
visita guiada guided tour	La **visita guiada** dura una hora. The guided tour is an hour long.
lago lake	La casa está al lado de un **lago** pequeño. The house is by a small lake.

Las vacaciones y los viajes
Holidays and travel

río river	Nadamos en el **río** todos los días. We swam in the river every day.
bosque forest	Encontré setas en el **bosque**. I found some mushrooms in the forest.
camping campsite	El **camping** está lleno. The campsite is full.
acampar to camp	No me gusta **acampar** cuando llueve. I don't like camping when it rains.
tienda tent	Montaron su **tienda** en cinco minutes. They put up their tent in ten minutes.
caravana caravan	Es una **caravana** para cuatro personas. It's a caravan for four people.
hotel hotel	El **hotel** está enfrente del ayuntamiento. The hotel is opposite the town hall.
casa rural self-catering cottage	Hemos reservado una **casa rural** en Escocia. We have booked a self-catering cottage in Scotland.
alquilar to rent/to hire	¿**Alquilaste** un piso/una bici? Did you rent a flat/hire a bike?
paseo walk	Me gusta dar largos **paseos** por la playa. I like to go for long walks along the beach.
senderismo hike	Se han ido a hacer **senderismo** todo el día. They've gone on a hike for the day.

Top tip: In Spanish, the word **museo** can mean both a *museum* and a *gallery*; **alquilar** can mean both *rent* (a flat) and *hire* (a car/bike).

Los medios de transporte
Means of transport

coche car	Mi **coche** está aparcado delante de la casa. My car is parked in front of the house.
ir/llevar en coche to drive	Mi madre **va en coche** al trabajo/me **lleva en coche** al colegio. My mother drives to work/drives me to school.
bicicleta/bici bicycle/bike	Xavi tiene una **bicicleta** de carrera fenomenal. Xavi has a great racing bike.
ir en bicicleta to cycle	**¿Vamos en bicicleta** allí? Shall we cycle there?
autobús bus	El **autobús** para justo delante del colegio. The bus stops right in front of the school.
autocar coach	Las excursiones del colegio son siempre en **autocar**. School trips are always by coach.
tren train	Fuimos a Toledo en **tren**. We went to Toledo by train.
avión plane	¿Has ido en **avión** alguna vez? Have you ever been on a plane?
taxi taxi	Llama un **taxi**, si no vamos a llegar tarde. Call a taxi, otherwise we'll be late.
ciclomotor moped	Sonia vino en su **ciclomotor**. Sonia came on her moped.
moto motorbike	Tiene una gran **moto** negra. He has a big black motorbike.
a pie on foot	¿Prefieres ir en autobús o **a pie**? Would you rather go by bus or on foot?

Los medios de transporte
Means of transport

metro underground	¿Dónde está la estación de **metro** más cercana? Where is the nearest underground station?
tranvía tram	Pronto habrá una línea nueva de **tranvía** en Zaragoza. Soon there will be a new tram line in Zaragoza.
barco boat	Me mareo en los **barcos**. I get sick on boats.
ferry ferry	Tienes que tomar el **ferry** para ir a la isla. You have to take the ferry to go to the island.
estación station	La **estación** está un poco más adelante a la izquierda. The station is a bit further on your left.
estación de autobuses bus station	El 114 sale de la **estación de autobuses** a las siete y media. The 114 leaves from the bus station at seven thirty.
andén platform	¿De qué **andén** sale el tren para Segovia? Which platform does the train for Segovia leave from?
sala de espera waiting room	Nos quedamos en la **sala de espera**. We stayed in the waiting room.
aeropuerto airport	¿Quién nos va a llevar al **aeropuerto**? Who will take us to the airport?
terminal terminal	Salimos de la **terminal** B. We're leaving from terminal B.
puerta de embarque departure gate	Esperen en la **puerta de embarque** D. Wait at departure gate D.
puente aéreo shuttle	Vino de Barcelona en el **puente aéreo**. He came from Barcelona on the shuttle.

Vocabulario

calle street	Tome la segunda **calle** a la derecha. Take the second street on the right.
acera pavement	Asegúrate de ir por la **acera**. Make sure you stay on the pavement.
semáforo traffic lights	Está a la izquierda en el segundo **semáforo**. It's on the left at the second set of traffic lights.
paso de peatones pedestrian crossing	Cruce siempre por el **paso de peatones**. Always cross at the pedestrian crossing.
parada de autobús bus stop	Nos vemos en la **parada del autobús** a las tres. Let's meet at the bus stop at three o'clock.
zona peatonal pedestrian area	La **zona peatonal** empieza aquí. The pedestrian area starts here.
edificio building	Este **edificio** data del siglo dieciocho. This building dates back to the eighteenth century.
ayuntamiento town hall	Tiene que preguntar en el **ayuntamiento**. You have to enquire at the town hall.
plaza square	Viven cerca de la **plaza**. They live near the square.
parque park	Hay un **parque** bonito detrás de la escuela. There's a pretty park behind the school.
árbol tree	Hay **árboles** a lo largo de toda la calle. There are trees all along the street.
colegio school	El **colegio** está muy cerca de aquí. The school is very near here.

En la ciudad
In town

restaurante restaurant	Me gusta el **restaurante** chino de la ciudad. I like the Chinese restaurant in town.
cafetería café	Esa es la **cafetería** donde mi hermano queda con sus amigos. That's the café where my brother meets his friends.
farmacia chemist's	Tengo que pasar por la **farmacia** para comprar tiritas. I have to pop into the chemist's to buy some plasters.
librería bookshop	¿Crees que venden calendarios en la **librería**? Do you think they sell calendars in the bookshop?
panadería bakery	Compramos el pan en la **panadería** que está cerca de nuestra casa. We get our bread from the bakery near our house.
pastelería cake shop	Es la mejor **pastelería** de la ciudad. It's the best cake shop in town.
carnicería butcher's	He comprado filetes de ternera en la **carnicería**. I bought some steak from the butcher's.
frutería greengrocer	Hay dos **fruterías** en el mercado. There are two greengrocers at the market.
boutique clothes shop	Aquí las **boutiques** no son muy buenas. The clothes shops aren't great here.
supermercado supermarket	Hacemos la compra en este **supermercado**. We shop at this supermarket.
banco bank	¿A qué hora cierra el **banco**? What time does the bank close?
(oficina de) correos post office	¿Puedes comprarme sellos en (la **oficina de**) **correos**? Can you get me stamps from the post office?

Vocabulario

España Spain	Decidimos ir de vacaciones a **España**. We decided to go on holiday to Spain.
español, española Spanish	Mi vecina es **española**./Estoy aprendiendo **español**. My neighbour is Spanish./I'm learning Spanish.
Inglaterra England	¿Conoces bien **Inglaterra**? Do you know England well?
inglés, inglesa English	Mi abuela es **inglesa**./Estoy aprendiendo **inglés**. My grandmother is English./I'm learning English.
Gran Bretaña Great Britain	**Gran Bretaña** está formada por Inglaterra, Escocia y Gales. Great Britain is made up of England, Scotland, and Wales.
británico, británica British	Los periódicos **británicos** hablan mucho de eso. British newspapers talk about it a lot.
Escocia Scotland	Me gustaría visitar **Escocia**. I'd like to visit Scotland.
escocés, escocesa Scottish	Aberdeen es una ciudad **escocesa**. Aberdeen is a Scottish city.
Irlanda Ireland	Pasé un mes en **Irlanda**. I spent a month in Ireland.
irlandés, irlandesa Irish	La campiña **irlandesa** es muy bonita. The Irish countryside is very pretty.
Gales Wales	En **Gales** llueve mucho. It rains a lot in wales.
galés, galesa Welsh	El equipo de rugby **galés** ganó al francés. The Welsh rugby team beat France.

Los países, los continentes, los idiomas
Countries, continents, languages

Francia France	Vivo en **Francia**. I live in France.
francés, francesa French	Tiene una novia **francesa**./Estoy aprendiendo **francés**. He has a French girlfriend./I'm learning French.
Alemania Germany	Vivo en Alsacia, cerca de **Alemania**. I live in Alsace, near Germany.
alemán, alemana German	Tengo un coche **alemán**./Estoy aprendiendo **alemán**. I have a German car./I'm learning German.
Italia Italy	Salimos para **Italia** mañana por la mañana. We're leaving for Italy tomorrow morning.
italiano, italiana Italian	Me encantan los helados **italianos**./Estoy aprendiendo **italiano**. I love Italian ice cream./I'm learning Italian.
los Estados Unidos the United States	Nuestro profesor de inglés es de **los Estados Unidos**. Our English teacher comes from the United States.
China China	**China** es el país más poblado del mundo. China is the most populated country in the world.
Europa Europe	**Europa** es mucho más pequeña que América. Europe is a lot smaller than America.
América America	¿Has ido a **América** alguna vez? Have you ever been to America?
Asia Asia	**Asia** es un continente que me atrae mucho. Asia is a continent that appeals to me a lot.
África Africa	Son de **África**. They come from Africa.

Spelling help

Sonidos y letras
Sounds and spellings

In Spanish, there are a few sounds that can be spelled in two different ways. The most common of these are **/b/**, **/ch/**, and **/z/**. The words in each cloud show the different groups of letters that can all have the same sound!

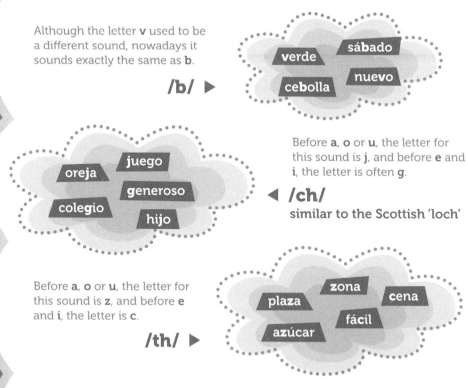

Although the letter **v** used to be a different sound, nowadays it sounds exactly the same as **b**.

/b/ ▶

verde   sábado
cebolla   nuevo

oreja   juego
generoso
colegio   hijo

Before **a**, **o** or **u**, the letter for this sound is **j**, and before **e** and **i**, the letter is often **g**.

◀ **/ch/**
similar to the Scottish 'loch'

Before **a**, **o** or **u**, the letter for this sound is **z**, and before **e** and **i**, the letter is **c**.

/th/ ▶

zona   cena
plaza   fácil
azúcar

*To find the meanings of the words in the clouds, look up pages 9–13, 16–20, 24–31, 42–43, and 52–53.

Word fun

¿Qué soy?
What am I?

These anagrams are made from the names of animals that you have learned in this book (see pages 14–15).
Solve the clues and unscramble the letters.

1. **FAELETNE:** I am a huge animal with very large ears and a trunk. I live in Africa or Asia.

2. **NOJCEO:** I am a small animal with long ears and big front teeth. I can be wild or a pet.

3. **BALOLAC:** I am a large animal that people can ride. I can run very fast.

4. **EABCR:** I am a stripy cousin of the animal at number 3 above.

¿Cuál es mi trabajo?
What's my job?

These anagrams are made from the names of jobs that you have learned in this book (see pages 44–45).
Solve the clues and unscramble the letters.

1. **SOPRAEFRO**: I teach children in secondary school or at university.

2. **PDETIRIAOS**: I write or talk about current affairs in the newspapers, on TV or on the radio.

3. **ROBMOEB**: I am a member of the emergency services that deal with fires.

4. **LOPITO**: I fly planes.

Answers:
What am I? – 1. **elefante** elephant 2. **conejo** rabbit 3. **caballo** horse 4. **cebra** zebra
What's my job? – 1. **profesora** teacher 2. **periodista** journalist 3. **bombero** firefighter 4. **piloto** pilot

Now practise . . .

Falsos amigos
False friends

False friends are words that look the same as or very similar to English words that you know, but actually mean something else entirely. You have seen words like this in the previous pages. Here are a few that you might want to pay particular attention to:

largo (Sp) = large ✗
largo (Sp) = long ✓

> *large* in English is **grande** in Spanish

pie (Sp) = pie ✗
pie (Sp) = foot ✓

> *pie* in English is **pastel** or **tarta** in Spanish

sensible (Sp) = sensible ✗
sensible (Sp) = sensitive ✓

> *sensible* in English is **sensato** in Spanish

pan (Sp) = pan ✗
pan (Sp) = bread ✓

> *pan* in English is **sartén** in Spanish

simpático (Sp) = sympathetic ✗
simpático (Sp) = nice ✓

> *sympathetic* in English is **comprensivo** in Spanish

librería (Sp) = library ✗
librería (Sp) = bookshop ✓

> *library* in English is **biblioteca** in Spanish

coche (Sp) = coach ✗
coche (Sp) = car ✓

> *coach* in English is **autocar** in Spanish

arena (Sp) = arena ✗
arena (Sp) = sand ✓

> *arena* in English is **estadio** in Spanish

Gramática
Grammar

Las preguntas
Questions

qué what, which	**¿Qué** haces?/¿**Qué** postre quieres? What are you doing?/ Which dessert do you want?
quién, quiénes who	**¿Quién** comió todo el chocolate?/ **¿Quiénes** son esos señores? Who ate all the chocolate?/Who are those people?
cuándo when	**¿Cuándo** empiezan los fuegos artificiales? When do the fireworks begin?
por qué why	**¿Por qué** tienes el pelo mojado? Why is your hair wet?
cómo how	**¿Cómo** se dice eso en inglés? How do you say this in English?
dónde where	**¿Dónde** está mi bolígrafo? Where is my pen?
cuánto, cuánta how much	**¿Cuánto** cuesta?/¿**Cuánta** leche quiere? How much does it cost?/ How much milk would you like?
cuántos, cuántas how many	**¿Cuántos** hermanos tienes?/ **¿Cuántas** hermanas tienes? How many brothers/sisters do you have?
cuál, cuáles which one, which ones	**¿Cuál** prefieres?/ **¿Cuáles** son los mejores? Which one do you prefer?/ Which ones are the best?

Las palabras de enlace
Connecting words

y and	Pauline **y** Margot son muy buenas amigas. Pauline and Margot are great friends.
o, u or	¿Quieres patatas fritas **o** arroz?/ ¿Quieres este **u** otro? Do you want chips or rice?/Do you want this one or another one?
pero but	Es atractivo **pero** no muy simpático. He's handsome but not very friendly.
ni . . . ni not . . . or	No me gusta **ni** el té **ni** el café. I don't like tea or coffee.
si if	Puedes quedarte aquí **si** quieres. You can stay here if you want.
que that	Sé **que** no es verdad. I know (that) it isn't true.
porque because	Me gusta el profesor de inglés **porque** es gracioso. I like the English teacher because he's funny.
ya que since	Podemos irnos **ya que** todos están aquí. We can go since everyone is here.
para que so that	Corrí **para que** no me alcanzara. I ran so that he wouldn't catch up with me.
si no otherwise, or	Date prisa, **si no**, vas a llegar tarde. Hurry up or you'll be late.
así que so	Tenemos dinero, **así que** no hay problema. We have money, so there's no problem.
aunque even if	**Aunque** grites, no te oirá. Even if you shout, he won't hear you.

Top tip: Que in Spanish is often not translated into English:
Sé que no es verdad. I know (that) it isn't true.

Comparar las personas y los objetos
Comparing people and things

tan . . . como as . . . as	La película es **tan** buena **como** el libro. The film is as good as the book.
tanto como as much as	Comemos **tanto como** nuestros padres. We eat as much as our parents.
menos . . . que less . . . than	Mamá está **menos** preocupada **que** papá. Mum is less worried than Dad.
más . . . que more . . . than/ . . . -er . . . than	Kevin es **más** hablador/rápido **que** Lucas. Kevin is more talkative/faster than Lucas.
mejor que better than	Él es **mejor que** yo en matemáticas. He is better than me at maths.
peor worse	¡Es aún **peor** cuando llueve! It's even worse when it rains!
el/la . . . más the most, the . . . est	Este es **el** coche **más** caro. This is the most expensive car.
el/la más the most, the . . . est	Él es **el más** pequeño. Ella es **la más** alta. He's the smallest. She's the tallest.
el mejor, la mejor the best	Es **el mejor** cine de Madrid. Elena es **la mejor** en educación física. It's the best cinema in Madrid. Elena is the best at PE.
el peor, la peor the worst	Es **el peor** hotel de la ciudad. ¡Es **la peor** película de todos los tiempos! It's the worst hotel in the city. It's the worst film of all time!

La cantidad y la intensidad
Quantity and intensity

no no	**No** hay pan. There is no bread.
no . . . más no . . . left, no more . . .	**No** tenemos **más** dinero. We have no money left./We have no more money.
mucho a lot, much	Habla **mucho**./No queda **mucho** pan. She talks a lot./There isn't much bread left.
muchos, muchas a lot of, many	Carlos tiene **muchos** amigos/**muchas** amigas. Carlos has a lot of friends or many friends.
demasiado, **demasiados** too much/too many	Tenemos **demasiado** trabajo./ Cometí **demasiados** errores. We have too much work./I made too many mistakes.
bastante, **bastantes** enough	He comido **bastante**./ ¿Tienes **bastantes** mantas? I've eaten enough./ Do you have enough blankets?
poco, poca not much	Como **poco**, una rebanada pequeña será suficiente./Queda **poca** leche. I don't eat much, a small slice will be enough./There isn't much milk left.
pocos, pocas not many	Tiene **pocos** amigos./**Pocas** personas lo saben. He doesn't have many friends./Not many people know that.
un poco/un poco de a bit/a bit of	La conozco **un poco**./Dame **un poco de** pan. I know her a bit./Give me a bit of bread.
muy very	Es **muy** bonito esto. It's very beautiful here.
realmente really	**Realmente** tienes que llamarlo. You really need to call him.

Top tip: In Spanish, to say *much* or *not much* you use the singular (**mucho, poco**), to say *many* and *not many* you use the plural (**muchos, pocos**).

El tiempo
Time

antes/antes de before	Juego con los videojuegos **antes de** cenar. I play video games before dinner.
después afterwards	Iremos al cine y **después** a un restaurante. We'll go to the cinema and afterwards to a restaurant.
después de after	Nos vemos fuera **después de** la clase de geografía. Let's meet outside after the geography lesson.
durante during	Carlota estuvo enferma **durante** las vacaciones. Carlota was ill during the holidays.
mientras while	Quédate aquí **mientras** voy a ver dónde está. Stay here while I go and see where he is.
desde since	Nos conocemos **desde** 2012. We've known each other since 2012.
hasta until	La fiesta duró **hasta** las 11 de la noche. The party lasted until 11 p.m.
cuando when	Saldremos **cuando** el tiempo sea mejor. We'll go out when the weather's better.
dentro de in	Se cambian de casa **dentro de** tres días. They're moving house in three days.
en in	¡Se comió dos platos de pasta **en** diez minutos! She ate two plates of pasta in ten minutes!
hace ago	Compré esta tableta **hace** un año. I bought this tablet a year ago.

El tiempo
Time

en cuanto as soon as	Olivia me llamó **en cuanto** recibió mi mensaje. Olivia called me as soon as she got my text.
siempre always	¡**Siempre** llegas tarde! You're always late!
nunca never	Mi padre **nunca** me deja salir de noche. My father never lets me go out at night.
a menudo often	**A menudo** hay pollo en el menú del colegio. We often get chicken for our school dinner.
rara vez rarely	**Rara vez** nos hablamos. We rarely speak to each other.
ahora now	Podemos ir **ahora**, he terminado. We can go now, I've finished.
ya already	¿Habéis llegado **ya**? Are you there already?
pronto soon	La clase terminará **pronto**. The lesson will soon be over.
tarde late	Volví muy **tarde**. I got back really late.
temprano early	¿Te levantas **temprano** por la mañana? Do you get up early in the morning?
todavía still	¿Qué? ¡**todavía** estás en la cama! What, you're still in bed!

La posición
Position

a to/in	Escribo **a** mi hermana./Llegaron **a** León. I'm writing to my sister./ They arrived in León.
en in/at	La mantequilla está **en** la nevera./Te veré **en** el piso. The butter is in the fridge./I'll see you at the flat.
sobre on	Tu libro está **sobre** la mesa. Your book is on the table.
debajo underneath	Tu libro está **debajo**. Your book is underneath.
debajo de under	El gato está **debajo de** la mesa. The cat is under the table.
delante (de) in front (of)	Samira se sienta **delante de** mí en clase. Samira sits in front of me in class.
detrás/detrás de behind	La panadería está **detrás de** la iglesia. The bakery is behind the church.
encima on top	Hicimos un pastel con una cereza **encima**. We made a cake with a cherry on top.
encima de above	Su habitación está **encima de** la mía. His room is above mine.
entre between	Siéntate **entre** Oscar y Emily. Sit between Oscar and Emily.
enfrente/enfrente de opposite	La parada de autobús está **enfrente del** cine. The bus stop is opposite the cinema.

La posición
Position

junto a next to	La pastelería está **junto a** la farmacia. The cake shop is next to the chemist's.
contra against	Empuja el armario **contra** la pared. Push the wardrobe against the wall.
aquí here	¿Dónde está Pablo? – ¡**Aquí**! Where's Pablo? – Here!
allí there	Ponte de pie **allí**. Stand there.
allá (over) there	Está **allá** ¿la ves? She's over there, can you see her?
lejos (de) far (from)	Está demasiado **lejos** para volver a pie./ No viven **lejos de** mi casa. It's too far to walk back./ They don't live far from my house.
cerca/cerca de near	Vivo **cerca de** la estación. I live near the station.
hacia towards	Corrieron **hacia** la portería. They ran towards the goalposts.
por through	Vete **por** el pueblo, es más rápido. Go through the village, it's quicker.
hasta as far as	Hay atascos **hasta** Toledo. There are traffic jams as far as Toledo.

Los pronombres personales
Personal pronouns

yo I	**Yo** soy español. I'm Spanish.
tú, usted you	¿Tienes **tú**/Tiene **usted** mascotas? Do you have pets?
él he	**Él** tiene dos hermanas. He has two sisters.
ella she	**Ella** vive en Londres. She lives in London.
uno, una, se one	**Uno** nunca sabe./Nunca **se** sabe. One never knows.
nosotros, nosotras we	¿Vamos **nosotros/nosotras**? Are we going?
vosotros, vosotras, ustedes you	¿Queréis **vosotros** queso?/¿Tienen **ustedes** un portátil? Do you want some cheese?/ Do you have a laptop?
ellos they	**Ellos** son de Escocia. They come from Scotland.
ellas they	**Ellas** son muy simpáticas. They're very nice.

Los pronombres personales
Personal pronouns

me (to) me/myself	**Me** miré en el espejo. I looked at myself in the mirror.
te (to) you/yourself	**Te** está mirando. She's looking at you.
lo you/him/it	**Lo** encuentro desagradable. I find him/it unpleasant.
la you/her/it	**La** vi la semana pasada I saw her/it last week.
nos (to) us/ourselves/ each other	Ellos no **nos** escuchan./**Nos** hicimos daño./Él y yo **nos** ayudamos. They don't listen to us./ We hurt ourselves./He and I help each other.
os (to) you/yourself/ yourselves/each other	¿**Os** hicisteis daño?/¿**Os** visteis? Did you hurt yourself/yourselves?/Did you see each other?
los you/them	**Los** veré en el parque. I will meet them at the park.
las you/them	No **las** conozco. I don't know them.
le (to) you/him/her/it	**Le** expliqué la razón. I explained the reason to you/him/her.
les (to) you/them	**Les** escribiré después. I will write to you/them later.
se himself/herself/itself/ themselves/each other	**Se** compraron una videoconsola./ Los perros y los gatos **se** odian. They bought themselves a console./ Dogs and cats hate each other.

Top tip: In Spanish, you often leave out the personal pronoun as the verb ending tells you what it is, e.g. **No estamos invitados** (We) are not invited, but you would use it for emphasis, e.g **Nosotros no estamos invitados, pero ellos sí** WE are not invited, but THEY are.

Los posesivos
Possessives

Gramática

mi, mis my	¿Conoces a **mi** madre/**mis** padres? Do you know my mum/my parents?
tu, tus your	Me gusta **tu** perro. Me gustan **tus** peces. I like your dog. I like your fish.
su, sus his, her	Le pedí prestado **su** bolígrafo. Le pedí prestadas **sus** tijeras. I borrowed his/her pen. I borrowed his/her scissors.
nuestro, nuestra, nuestros, nuestras our	Invitamos a **nuestro** vecino/**nuestros** vecinos. We invited our neighbour/neighbours.
vuestro, vuestra, vuestros, vuestras your	Se os ha caído **vuestra** revista. Se os han caído **vuestras** gafas. You dropped your magazine. You dropped your glasses.
su, sus their	Toman **su** cena/**sus** comidas en la cocina. They have their dinner/their meals in the kitchen.

Los posesivos
Possessives

el mío, la mía, **los míos, las mías** mine	Este abrigo es más grande que **el mío**. Estos zapatos son más pequeños que **los míos**. This coat is bigger than mine. These shoes are smaller than mine.
el tuyo, la tuya, **los tuyos, las tuyas** yours	¿Estás seguro de que este libro es **el tuyo**? ¿Estás seguro de que estas llaves son **las tuyas**? Are you sure this book is yours? Are you sure these keys are yours?
el suyo, la suya, **los suyos, las suyas** his, hers	Este no es mi asiento, es **el suyo**. Estas no son mis cosas, son **las suyas**. This isn't my seat, it's his. These aren't my things, they're hers.
el nuestro, **la nuestra,** **los nuestros** **las nuestras** ours	¡Esta idea es **la nuestra**! ¡Estas gafas son **las nuestras**! This idea is ours! These glasses are ours!
el vuestro, **la vuestra,** **los vuestros,** **las vuestras,** yours	Nuestro equipo es mejor que **el vuestro**. Nuestros jugadores son mejores que **los vuestros**. Our team is better than yours. Our players are better than yours.
el suyo, la suya, **los suyos, las suyas** theirs	Me gusta el nuestro, pero no **el suyo**. Me gustan los nuestros, pero no **los suyos**. I like ours, but not theirs.

Grammar

Top tip: Unlike other possessives in Spanish, **mi**, **tu** and **su** do not have a different form for the masculine and the feminine.

Los adjetivos: masculino y femenino
Adjectives: masculine and feminine

In Spanish, most feminine adjectives are formed from the masculine adjective by following one of these rules.

-o > -a	**alto > alta** **Pedro es alto. > Elena es alta.** Pedro is tall. > Elena is tall.
masculine + -a	**español > española** **Es español. > Es española.** He is Spanish. > She is Spanish.
-e > -a	**regordete > regordeta** **Pablo es regordete. > Ana es regordeta.** Pablo is chubby. > Ana is chubby.
-ior > -ior	**interior > interior** **La casa tiene un patio interior. > La casa tiene una escalera interior.** The house has an internal courtyard. > The house has an internal staircase.
-e > -e	**verde > verde** **Tiene un coche verde. > Tiene una bicicleta verde.** He has a green car. > He has a green bicycle.
-l > -l	**azul > azul** **Tengo un lápiz azul. > Tengo una regla azul.** I have a blue pencil. > I have a blue ruler.
-z > -z	**feliz > feliz** **Es un niño feliz. > Es una niña feliz.** He is a happy boy. > She is a happy girl.
-ista > -ista	**pesimista > pesimista** **Es un hombre muy pesimista. > Es una mujer muy pesimista.** He is a very pessimistic man. > She is a very pessimistic woman.

Expresiones con 'tener'
Expressions with 'tener'

tener hambre to be hungry	**Tengo hambre**, quiero comer inmediatamente. I'm hungry, I want to eat straightaway.
tener sed to be thirsty	Si **tienes sed**, te puedo dar agua. If you're thirsty, I can give you water.
tener calor to be hot	Abre la ventana si **tienes calor**. Open the window if you're hot.
tener frío to be cold	¡Uy! ¡**tengo frío**! Brrr, I'm cold!
tener ganas de to feel like	No **tienen ganas de** ir al cine. They don't feel like going to the cinema.
tener miedo to be scared	**Tuvimos miedo** cuando oímos la explosión. We were scared when we heard the explosion.
tener cuidado to be careful	**Ten cuidado** con ese jarrón. Be careful with that vase.
tener razón to be right	Es cierto, **tienes razón**. That's true, you're right.
tener sueño to be tired	**Tengo sueño**. I am tired.
tener prisa to be in a hurry	**Teníamos prisa**. We were in a hurry.
tener suerte to be lucky	¡**Tuvisteis suerte**! You're lucky!

Top tip: None of the above expressions with **tener** in Spanish are translated with *have* in English.

Verbos regulares
Regular verbs

1ª conjugación: cantar (verbs ending in -ar)
1st group: to sing

Presente Present	Pretérito perfecto compuesto Past	Futuro Future
yo canto I sing	**yo he cantado** I sang	**yo cantaré** I will sing
tú cantas **usted canta** you sing	**tú has cantado** **usted ha cantado** you sang	**tú cantarás** **usted cantará** you will sing
él/ella canta/se canta he/she sings/one sings	**él/ella/se ha cantando** he/she/it/one sang	**él/ella/se cantará** he/she/it/one will sing
nosotros/nosotras cantamos we sing	**nosotros/nosotras hemos cantado** we sang	**nosotros/nosotras cantaremos** we will sing
vosotros/vosotras cantáis **ustedes cantan** you sing	**vosotros/vosotras habéis cantado** **ustedes han cantado** you sang	**vosotros/vosotras cantaréis** **ustedes cantarán** you will sing
ellos/ellas cantan they sing	**ellos/ellas han cantado** they sang	**ellos/ellas cantarán** they will sing

Otros verbos regulares de la 1ª conjugación
Other regular verbs in the 1st group

agarrar to catch	**ganar** to win, to earn	**hallar** to find	**preparar** to prepare
amar to love	**golpear** to hit	**llevar** to take, to wear	**saltar** to jump
bailar to dance	**guardar** to keep, to look after	**mandar** to send	**trabajar** to work
conversar to talk	**gustar** to like	**mirar** to look	**viajar** to travel
detestar to hate	**hablar** to speak	**parar** to stop	**visitar** to visit
escuchar to listen		**pasar** to go through	

Verbos regulares
Regular verbs

2ª conjugación: comer (verbs ending in -er)
2nd group: to eat

Presente Present	Pretérito perfecto compuesto Past	Futuro Future
yo como I eat	yo he comido I ate	yo comeré I will eat
tú comes usted come you eat	tú has comido usted ha comido you ate	tú comerás usted comerá you will eat
él/ella come/se come he/she/it/one eats	él/ella ha comido/se ha comido he/she/it/one ate	él/ella comerá/se comerá he/she/it/one will eat
nosotros/nosotras comemos we eat	nosotros/nosotras hemos comido we ate	nosotros/nosotras comeremos we will eat
vosotros/vosotras coméis ustedes comen you eat	vosotros/vosotras habéis comido ustedes han comido you ate	vosotros/vosotras comeréis ustedes comerán you will eat
ellos/ellas comen they eat	ellos/ellas han comido they ate	ellos/ellas comerán they will eat

Otros verbos regulares de la 2ª conjugación
Other regular verbs in the 2nd group

aprender to learn	correr to run	ofender to offend	temer to fear
barrer to sweep	coser to sew	responder to reply	toser to cough
beber to drink	deber must	socorrer to help	vender to sell
comprender to understand	esconder to hide	tejer to weave, to knit	

Verbos regulares
Regular verbs

3ª conjugación: vivir (verbs ending in -ir)
3rd group: to live

Presente Present	Pretérito perfecto compuesto Past	Futuro Future
yo vivo I live	yo he vivido I lived	yo viviré I will live
tú vives usted vive you live	tú has vivido usted ha vivido you lived	tú vivirás usted vivirá you will live
él/ella/se vive he/she/it/one lives	él/ella/se ha vivido he/she/it/one lived	él/ella/se vivirá he/she/it/one will live
nosotros/nosotras vivimos we live	nosotros/nosotras hemos vivido we lived	nosotros/nosotras viviremos we will live
vosotros/vosotras vivís ustedes viven you live	vosotros/vosotras habéis vivido ustedes han vivido you lived	vosotros/vosotras viviréis ustedes vivirán you will live
ellos/ellas comen they live	ellos/ellas han vivido they lived	ellos/ellas vivirán they will live

Otros verbos regulares de la 3ª conjugación
Other regular verbs in the 3rd group

admitir to admit	decidir to decide	escribir to write	permitir to permit
asistir to attend	describir to describe	existir to exist	subir to go up
cubrir to cover	discutir to discuss	ocurrir to happen, to occur	sufrir to suffer

Verbos irregulares
Irregular verbs

Presente Present		Participio pasado Past participle	Futuro Future	
abrir to open				
abro	abrimos	abierto	abriré	abriremos
abres	abrís		abrirás	abriréis
abre	abren		abrirá	abrirán
apagar to turn off				
apago	apagamos	apagado	apago	apagamos
apagas	apagáis		apagas	apagáis
apaga	apagan		apaga	apagan
aprobar to pass				
apruebo	aprobamos	aprobado	apruebo	aprobamos
apruebas	aprobáis		apruebas	aprobáis
aprueba	aprueban		aprueba	aprueban
cerrar to close				
cierro	cerramos	cerrado	cerraré	cerraremos
cierras	cerráis		cerrarás	cerraréis
cierra	cierran		cerrará	cerrarán
conducir to drive				
conduzco	conducimos	conducido	conduciré	conduciremos
conduces	conducís		conducirás	conduciréis
conduce	conducen		conducirá	conducirán
creer to believe				
creo	creemos	creído	creeré	creeremos
crees	creéis		creerás	creeréis
cree	creen		creerá	creerán
dar to give				
doy	damos	dado	daré	daremos
das	dais		darás	daréis
da	dan		dará	darán
decir to say				
digo	decimos	dicho	diré	diremos
dices	decís		dirás	diréis
dice	dicen		dirá	dirán

Verbos irregulares
Irregular verbs

Presente Present		Participio pasado Past participle	Futuro Future	
defender to defend				
defiendo	defendemos	defendido	defenderé	defenderemos
defiendes	defendéis		defenderás	defenderéis
defiende	defienden		defenderá	defenderán
desaparecer to disappear				
desaparezco	desaparecemos	desaparecido	desapareceré	desapareceremos
desapareces	desaparecéis		desaparecerás	desapareceréis
desaparece	desaparecen		desaparecerá	desaparecerán
describir to describe				
describo	describimos	descrito	describiré	describiremos
describes	describís		describirás	describiréis
describe	describen		describirá	describirán
descubrir to discover				
descubro	descubrimos	descubierto	descubriré	descubriremos
descubres	descubrís		descubrirás	descubriréis
descubre	descubren		descubrirá	descubrirán
deshacer to undo				
deshago	deshacemos	deshecho	desharé	desharemos
deshaces	deshacéis		desharás	desharéis
deshace	deshacen		deshará	desharán
destruir to destroy				
destruyo	destruimos	destruido	destruiré	destruiremos
destruyes	destruís		destruirás	destruiréis
destruye	destruyen		destruirá	destruirán
dormir to sleep				
duermo	dormimos	dormido	dormiré	dormiremos
duermes	dormís		dormirás	dormiréis
duerme	duermen		dormirá	dormirán
elegir to choose				
elijo	elegimos	elegido	elegiré	elegiremos
eliges	elegís		elegirás	elegiréis
elige	eligen		elegirá	elegirán

Verbos irregulares
Irregular verbs

Grammar

Presente Present		Participio pasado Past participle	Futuro Future	
entender to understand				
entiendo	entendemos	entendido	entenderé	entenderemos
entiendes	entendéis		entenderás	entenderéis
entiende	entienden		entenderá	entenderán
entretener to entertain				
entretengo	entretenemos	entretenido	entretendré	entretendremos
entretienes	entretenéis		entretendrás	entretendréis
entretiene	entretienen		entretendrá	entretendrán
enviar to send				
envío	enviamos	enviado	enviaré	enviaremos
envías	enviáis		enviarás	enviaréis
envía	envían		enviará	enviarán
estar to be				
estoy	estamos	estado	estaré	estaremos
estás	estáis		estarás	estaréis
está	están		estará	estarán
haber to have				
he	hemos	habido	habré	habremos
has	habéis		habrás	habréis
ha	han		habrá	habrán
hacer to do/to make				
hago	hacemos	hecho	haré	haremos
haces	hacéis		harás	haréis
hace	hacen		hará	harán
hacer(se) to become				
me hago	nos hacemos	hecho	me haré	nos haremos
te haces	os hacéis		te harás	os haréis
se hace	se hacen		se hará	se harán
ir to go				
voy	vamos	ido	iré	iremos
vas	vais		irás	iréis
va	van		irá	irán

Verbos irregulares
Irregular verbs

Presente Present		Participio pasado Past participle	Futuro Future	
jugar to play				
juego	jugamos	jugado	jugaré	jugaremos
juegas	jugáis		jugarás	jugaréis
juega	juegan		jugará	jugaran
leer to read				
leo	leemos	leído	leeré	leeremos
lees	leéis		leerás	leeréis
lee	leen		leerá	leerán
nacer to be born				
nazco	nacemos	nacido	naceré	naceremos
naces	nacéis		nacerás	naceréis
nace	nacen		nacerá	nacerán
oír to hear				
oigo	oímos	oído	oiré	oiremos
oyes	oís		oirás	oiréis
oye	oyen		oirá	oirán
pagar to pay				
pago	pagamos	pagado	pagaré	pagaremos
pagas	pagáis		pagarás	pagaréis
paga	pagan		pagará	pagarán
perder to lose				
pierdo	perdemos	perdido	perderé	perderemos
pierdes	perdéis		perderás	perderéis
pierde	pierden		perderá	perderán
poder to be able to				
puedo	podemos	podido	podré	podremos
puedes	podéis		podrás	podréis
puede	pueden		podrá	podrán
poner to put				
pongo	ponemos	puesto	pondré	pondremos
pones	ponéis		pondrás	pondréis
pone	ponen		pondrá	pondrán

Verbos irregulares
Irregular verbs

Presente Present		Participio pasado Past participle	Futuro Future	
prohibir to forbid				
prohíbo	prohibimos	prohibido	prohibiré	prohibiremos
prohíbes	prohibís		prohibirás	prohibiréis
prohíbe	prohíben		prohibirá	prohibirán
reír to laugh				
río	reímos	reído	reiré	reiremos
ríes	reís		reirás	reiréis
ríe	ríen		reirá	reirán
saber to know				
sé	sabemos	sabido	sabré	sabremos
sabes	sabéis		sabrás	sabréis
sabe	saben		sabrá	sabrán
salir to go out				
salgo	salimos	salido	saldré	saldremos
sales	salís		saldrás	saldréis
sale	salen		saldrá	saldrán
sentar(se) to sit				
me siento	nos sentamos	sentado	me sentaré	nos sentaremos
te sientas	os sentáis		te sentarás	os sentaréis
se sienta	se sientan		se sentará	se sentarán
sentir to feel				
siento	sentimos	sentido	sentiré	sentiremos
sientes	sentís		sentirás	sentiréis
siente	sienten		sentirá	sentirán
ser to be				
soy	somos	sido	seré	seremos
eres	sois		serás	seréis
es	son		será	serán
servir to serve				
sirvo	servimos	servido	serviré	serviremos
sirves	servís		servirás	serviréis
sirve	sirven		servirá	servirán

Gramática

Presente Present		Participio pasado Past participle	Futuro Future	
sonreír to smile				
sonrío	sonreímos	sonreído	sonreiré	sonreiremos
sonríes	sonreís		sonreirás	sonreiréis
sonríe	sonríen		sonreirá	sonreirán
tener to have				
tengo	tenemos	tenido	tendré	tendremos
tienes	tenéis		tendrás	tendréis
tiene	tienen		tendrá	tendrán
traducir to translate				
traduzco	traducimos	traducido	traduciré	traduciremos
traduces	traducís		traducirás	taduciréis
traduce	traducen		traducirá	traducirán
venir to come				
vengo	venimos	venido	vendré	vendremos
vienes	venís		vendrás	vendréis
viene	vienen		vendrá	vendrán
ver to see				
veo	vemos	visto	veré	veremos
ves	veis		verás	veréis
ve	ven		verá	verán

Word fun

La position
Position

Think of the position words you have learned in this book. You can build new sentences by using different position words in the sentences you have read. Look at the sentences below and try to choose the right word from each cloud to make a new sentence. You can look at pages 66–67 to help you.

1. Tu libro está **sobre** las mesa.
   Your book is on the table.

2. La parada de autobús está **enfrente** del cine.
   The bus stop is opposite the cinema.

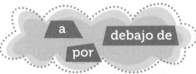

3. Hay atascos **hasta** Toledo.
   There are traffic jams as far as Toledo.

Now practise . . .

Verbos reflexivos
Reflexive verbs

You normally use reflexive verbs to talk about an action you do to yourself. To do this, you use a pronoun like **me** or **se** with the verb in question. For example, **Me** miré en el espejo = I looked at **myself** in the mirror. These pronouns are often not translated in English, or sometimes the verb can be translated by 'get' and an adjective.

Have a look at the examples below and try to match the verbs in the cloud to the sentences:

1. **Me** lavo = I wash (myself) *or* I have a wash.
2. **Se** desmayó = He/She fainted.
3. ¡No **te** burles de mí! = Don't (you) make fun of me!
4. **Vístete** deprisa = **Get** (yourself) dressed quickly.
5. **Nos** perdimos. = We **got** (ourselves) lost.
6. No **os** enfadéis. = Don't **get** (yourselves) annoyed.

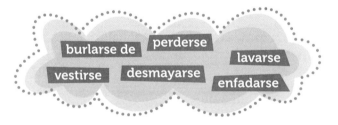

burlarse de   perderse
lavarse
vestirse   desmayarse
enfadarse

Answers:
1. lavarse to wash oneself 2. desmayarse to faint 3. burlarse to make fun of
4. vestirse to get dressed 5. perderse to get lost 6. enfadarse to get annoyed

Conversación
Conversation

¿Cómo estás?
How are you?

Q **¿Cómo estás?**
How are you?

A **Muy bien, gracias./Bastante bien, ¿y tú?**
Very well, thank you./Not bad, what about you?

Q **¿Cómo te encuentras?**
How are you feeling?

A **Estoy un poco mejor./No me encuentro muy bien, todavía tengo dolor de cabeza.**
I'm a bit better./I don't feel very well — I've still got a headache.

Q **¿Va mejor tu resfriado?**
Is your cold better?

A **Sí, mucho mejor./No, todavía tengo taponada la nariz.**
Yes, much better./No, I still have a stuffy nose.

Q **¿Salió bien la fiesta?**
Did the party go well?

A **Sí, muy bien, lo pasamos fenomenal./**
La verdad es que no . . . Me aburrí un poco./No, ¡fue una birria!
Yes, very well, we had a great time./
Not really . . . I was a bit bored./No, it was rubbish!

Q **¿Estás contenta con tu bicicleta nueva?**
Are you happy with your new bike?

A **Sí, es fenomenal./No, tengo un problema con los frenos.**
Yes, it's great./No, I have a problem with the brakes.

Conocer a alguien
Meeting someone

Q **¿Cómo te llamas?**
What's your name?

A **Me llamo Mateo/Isabella.**
My name is Mateo/Isabella.

Q **¿Cuántos años tienes?**
How old are you?

A **Tengo once años/trece años y medio.**
I'm eleven/thirteen and a half.

Q **¿Dónde vives?**
Where do you live?

A **Vivo en Madrid/en España/en el campo.**
I live in Madrid/in Spain/in the country.

Q **¿Vives en una casa?**
Do you live in a house?

A **Sí, vivo en una casa en un pueblo./No, vivo en un piso.**
Yes, a house in a village./No, I live in a flat.

Q **¿Tienes mascotas?**
Do you have a pet?

A **Sí, tengo un conejillo de Indias/un gato/una tortuga./**
No, mis padres no quieren mascotas.
Yes, I have a guinea pig/a cat/a tortoise./
No, my parents don't want a pet.

Top tip: Questions in Spanish always start with the upside down exclamation mark: ¿

La familia
Family

Q **¿Tienes hermanos?**
Do you have any brothers and sisters?

A **Sí, tengo una hermana mayor/un hermano pequeño./**
No, soy hijo único.
Yes, I have an older sister/a younger brother./
No, I'm an only child.

Q **¿Cuál es la profesión de tus padres?/**
¿Cuál es la profesión de tu madre?
What do your parents do?/
What does your mum do?

A **Mi padre es ingeniero y mi madre es profesora de matemáticas.**
Ella no trabaja.
My dad's an engineer and my mum's a maths teacher.
She doesn't work.

Q **¿Ves a tus abuelos con frecuencia?**
Do you see your grandparents often?

A **Sí, porque viven muy cerca./**
No, los veo pocas veces.
Yes, because they live very close by./
No, I rarely see them.

Q **¿Cómo es tu hermano/tu hermana?**
What's your brother/sister like?

A **Es delgado y más alto que yo./**
Es tímida, pero muy agradable.
He's skinny and taller than me./
She's shy but very nice.

Los gustos y las opiniones
Likes, dislikes, and opinions

Q **¿Cuál es tu videojuego favorito?**
What's your favourite video game?

A **Es Minecraft; juego continuamente./
Portal, porque me gusta hacer rompecabezas.**
It's Minecraft; I play it all the time./
Portal, because I like solving puzzles.

Q **¿Qué prefieres ponerte faldas o pantalones?**
Do you prefer skirts or trousers?

A **Depende de si hace frío o calor./
Pantalones, porque son más prácticos.**
It depends on whether the weather's hot or cold.
Trousers, because they're more practical.

Q **¿Qué piensas del profesor de inglés?**
What do you think of the English teacher?

A **Me gusta mucho, es agradable./Lo encuentro aburrido.**
I quite like him, he's nice./I find him boring.

Q **¿Qué piensas? ¿Qué camiseta debería comprarme, la azul o la negra?**
What do you think? Which top should I buy, blue or black?

A **Realmente no sé./No estoy segura./
Pienso que la azul te queda mejor.**
I don't really know./I'm not sure./
I think the blue one suits you better.

Q **¿Crees que a Gabriela le gusta Oscar?**
Do you think Gabriela likes Oscar?

A **En mi opinión, son solo amigos./Sí, creo que sí.**
In my opinion, they're just friends./Yes, I think so.

Top tip: **Mamá** and **papá** are only used by young children, between siblings, or to address parents directly; to say *my mum* or *my dad*, you say **mi madre** and **mi padre**.

La hora y el paso del tiempo
Time

Conversación

Q **¿Qué hora es?**
What time is it?

A **Son las tres./Es la una menos cuarto.**
It's three o'clock./It's quarter to one.

Q **¿A qué hora volvisteis?**
What time did you get back?

A **Volvimos a las seis de la tarde/a eso de las dos y media.**
We got back at six p.m./around half past two.

Q **¿Cuándo vais de viaje de estudios?**
When are you going on your school trip?

A **Vamos dentro de dos semanas/en junio/el mes que viene.**
We're leaving in two weeks/in June/next month.

Q **¿Hace mucho que vives aquí?**
Have you lived here long?

A **No, desde el año pasado./Sí, siempre he vivido aquí.**
No, since last year./Yes, I've always lived here.

Q **¿Vas a menudo a jugar a los bolos?**
Do you often go bowling?

A **No, rara vez voy./Sí, más o menos una vez al mes.**
No, I rarely go./Yes, about once a month.

Q **¿Hasta cuándo os quedáis?**
Until when are you staying?

A **Nos vamos a quedar hasta el martes/hasta la semana que viene.**
We're going to stay until Tuesday/until next week.

El tiempo libre
Free time

Q **¿Qué haces los fines de semana/en tu tiempo libre?**
What do you do at weekends/in your free time?

A **Voy al centro con mis amigos./**
Me gusta ir al cine./Dibujo.
I go into town with my friends./
I like going to the cinema./I draw.

Q **¿Qué tienes planeado para las vacaciones?**
What have you got planned for the holidays?

A **Voy a ir al club juvenil./**
Voy a quedar con mis amigos en el centro comercial.
I'm going to go to the youth club./
I'm going to meet my friends at the shopping centre.

Q **¿Qué haces cuando no tienes deberes?**
What do you do when you don't have any homework?

A **Chateo con mis amigos en Whatsapp®./**
Escucho música en mi móvil.
I chat with my friends on Whatsapp®./
I listen to music on my mobile.

Q **¿Haces alguna actividad extraescolar?**
Do you do any activities after school?

A **Sí, voy a clase de guitarra./**
No, estoy muy cansado.
Yes, I take guitar lessons./No, I'm too tired.

Top tip: To tell the time in Spanish, to say *it's* you use **son** (the plural form of ser) except for *one o' clock*, e.g. **Son las tres** but **Es la una menos cuarto**.

La comida
Food

Q **¿Cuál es tu plato favorito?**
What is your favourite dish?

A **La pasta/Las salchichas/Los huevos/El pollo.**
Pasta/Sausages/Eggs/Chicken.

Q **¿Comes carne?**
Do you eat meat?

A **No, soy vegetariano/vegetariana.**
No, I'm vegetarian.

Q **¿Qué bebes para desayunar?**
What do you drink for breakfast?

A **Té/Café/Chocolate/Zumo de fruta.**
Tea/Coffee/Hot chocolate/Fruit juice.

Q **¿De qué quieres tu bocadillo?**
What do you want in your sandwich?

A **De queso/De jamón y lechuga.**
Cheese/Ham and lettuce.

Q **¿Qué te gustaría tomar de plato principal?**
What would you like as a main course?

A **Tomaré espaguetis con mariscos.**
I'll have the seafood spaghetti.

Q **¿Qué te gustaría tomar de postre?**
What would you like for dessert?

A **La tarta de chocolate, por favor.**
The chocolate cake, please.

Los vacaciones
Holidays

Q **¿Dónde fuiste de vacaciones?**
Where did you go on holiday?

A **Fui a Barcelona/a la playa/a la montaña.**
I went to Barcelona/to the seaside/to the mountains.

Q **¿Pasaste unas buenas vacaciones?**
Did you have a good holiday?

A **Sí, fueron estupendas./Fueron pasables./
No, me aburrí.**
Yes, it was great./It was all right./No, I was bored.

Q **¿Hizo buen tiempo durante las vacaciones?**
Did you have good weather during the holidays?

A **Sí, hizo un tiempo muy bueno./No, llovió todo el tiempo.**
Yes, the weather was beautiful./No, it rained all the time.

Q **¿Qué vas a hacer durante las vacaciones de verano?**
What are you going to do in the summer holidays?

A **Voy a buscar trabajo/visitar a mis abuelos/
hacer un curso de surf.**
I'm going to find a job/visit my grandparents/
take surfing lessons.

Q **¿Dónde os alojasteis cuando estuvisteis en Menorca?**
Where did you stay when you went to Menorca?

A **Nos alojamos en un hotel./Alquilamos una casa con derecho a
cocina./Estuvimos de camping.**
We stayed in a hotel/rented a self-catering cottage/camped.

Now practise . . .

Hablar de un libro o una película
Talking about a book or a film

You can practise more conversations with your friends or in class using the words you have learned in this book. For example, talk about a book you've read or a film you've seen.

▶ Here are some words to get you started.

amar

gustar

detestar

pésimo

bien

fenomenal

interesante

◀ To describe the characters, you can use the following words.

cruel

amable

desagradable

defecto

divertido

cualidad

simpático

▶ To describe the setting, you can use the following words.

ciudad

campo

playa

montaña

bosque

lago

río

Now practise . . .

Hablar de una fiesta de cumpleaños
Talking about a birthday party

You can practise more conversations with your friends or in class using the words you have learned in this book. For example, talk about what you did at a birthday party.

▶ Here are some words to get you started.

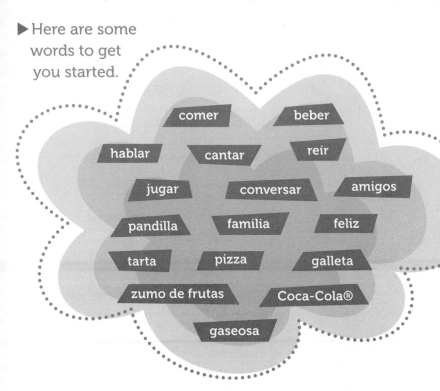

comer
beber
hablar
cantar
reír
jugar
conversar
amigos
pandilla
familia
feliz
tarta
pizza
galleta
zumo de frutas
Coca-Cola®
gaseosa

For the words in the clouds and more, look at pages 16–18, 26–31, and 48–49. More adjectives are given on page 72 and verbs on pages 74–82.

Also available:

Age 5+

Age 7+

Age 10+   Age 10+

Age 11+

For core curriculum teaching materials:

Age 11+   Age 11+